www.tredition.de

AF202162

Johanna Sophie

Wo der Schmerz einen hält und die Hoffnung wächst

Lyrik

www.tredition.de

© 2020 Johanna Sophie

Autorin: Johanna Sophie
Umschlaggestaltung, Illustration: Johanna Sophie
Verlag & Druck: tredition GmbH, Halenreie 40-44, 22359
Hamburg

ISBN
Paperback: 978-3-347-06832-2
Hardcover: 978-3-347-06833-9
e-Book: 978-3-347-06834-6

Bibliografische Information der Deutschen Nationalbibli-
othek:
Die Deutsche Nationalbibliothek verzeichnet diese Publi-
kation in der Deutschen Nationalbibliografie; detaillierte
bibliografische Daten sind im Internet über http://dnb.d-
nb.de abrufbar.

Inhalt

Widmung
Für alle, die kämpfen.

prolog

in letzter zeit
wünsche ich mir den frühling
herbei
denn so wie die blumen wachsen
so wachsen auch wir.

fliegen

ü b e r l e b e n s k ü n s t l e r i n
wie ein seiltanz
ein tanz auf den seilen
auf den gleisen
hoch hinaus
und doch so tief im tal
grenzen erkunden
grenzen testen
immer in bewegung
nicht ganz hier und nicht ganz da.

zwischen leben und überleben
klar, was sie will
und was nicht
aber gleichzeitig
doch so ambivalent.
in den minuten
stunden,
in denen vieles egal ist
wo sie sich vergisst
aber höchstleistung bringt.

für viele mag es paradox erscheinen
sie kämpft sich ins leben
fängt an zu lieben
zu lachen
zu genießen
zu leben
aber vielleicht zu viel
vielleicht will sie es zu sehr
das leben muss man nutzen
und sie hat zu viel anspannung

anspannung, die raus muss
die ein ventil braucht
sie muss sich spüren
damit sie weiß
dass sie lebt.

und vielleicht
mag sie die phasen.

sag mir
wie funktioniert das leben
sag
was muss ich tun
machen
damit ich das
glücksgefühl spüren kann
wovon alle reden

für alles gibt es eine anleitung
warum nicht fürs leben?

-     mein unerfahrenes ich

g r e n z g ä n g e r t u m
grenzgängertum
ein wort
dass es eigentlich gar nicht gibt
aber es beschreibt ein verhalten ganz gut
der drang zu leben
zu erleben
schritte zu machen
auf der klippe zu stehen
sich dem extremen hinzugeben
sich auf etwas einzulassen
das adrenalin zu spüren
und gleichzeitig
ist es eine gefahr
du merkst es nicht
denn dafür fühlt es sich so gut an
bis man fällt
und scherben zerbrechen
die wieder zusammengeklebt werden
müssen
und dir bewusst wird
dass du vielleicht zu viel wolltest.

ich sitze rauchend
auf dem dach
die sonne scheint
und ich ziehe an der zigarette
die so vergänglich ist wie wir.

ich lache
und rede viel
um zu vergessen

ich tue und mache
um nicht die leere zu spüren.

ich fliege,
aber falle
nur dass ich es nicht merke
denn es fühlt sich
anfangs so gleich an.

schenk mir nochmal ein.
lass uns heute leben,
das leben lieben
uns vergessen
und einfach nur tanzen
durch die nacht
in den tag rein
probleme verdrängen
unsere gefühle uns leiten lassen
und einfach das adrenalin spüren.

-    ein fehler?

große gefühle
emotionen
begleiten mich
bis ich nicht unterscheiden kann
was echt und langfristig ist
und was nicht.

e b b e u n d f l u t
manchmal bin ich ebbe
manchmal bin ich flut
es ist ein ständiger wechsel
zwischen den gezeiten
mal bin ich leer
und mal innerlich überflutet
mal einsam wie der strand
mal laufe ich über
und dazwischen
die kurze zeit
versuche ich zu genießen
mich treiben zu lassen
und die stille zu genießen
zwischen den extremen
zwischen den gezeiten.

kontrolle I

wenn ich kontrolle habe
geht es mir gut

kontrolle
über meinen körper.
übers essen
und nicht-essen.

denn wenn andere sachen
schiefgehen
habe ich wenigstens dies.

ich stehe auf und gehe raus. raus aus der wohnung, die mich zu erdrücken scheint. ich gehe die treppe runter und stoße die haustür auf. meine beine tragen mich, ich laufe erst langsam, dann immer schneller. bis ich renne und die luft in meine lungen strömt, lungen, die voll von rauch sind, und es etwas wehtut, aber es ist mir egal. ich renne weiter, vorbei an dem supermarkt, die straße runter. bis ich aus der puste bin und erschöpft mich auf meine beine stütze. ein kleiner sprint, aber hauptsache raus aus allen, raus aus der realität.

im nachhinein stelle ich mir die frage, ob ich nur sprinte oder doch wegrenne. vor meinen eigenen problemen oder vor mir selbst.

b e i p a c k z e t t e l I
sie lassen dich dinge sehen
dinge spüren
dinge fühlen
gefühle haben
sie lassen dich
lieben
lachen
weinen

die frage ist
wer bist du
wenn *sie* dich verändern
was ist die kern
und was macht dich aus?

b e i p a c k z e t t e l I I
wenn du drauf bist
geht es dir gut
du liebst das leben
du liebst die leute
und dann
wenn du merkst
dass du wieder du selbst
bist
und wieder in die realität gleitest
willst du sterben.

fallen

d a s   b e t t
das bett
eigentlich
ein sicherer ort
ein ort zum zur ruhe kommen
nur haben sich dort
die schlimmsten dinge abgespielt.

ich liebe dich doch
sagtest du
während du mich runterdrückst
und ich innerlich sterbe

sag
was hast du gesucht
zwischen meinen beinen?

sicher keine liebe.

a n g s t
sie raubt mir den schlaf
die kraft
den verstand

wenn ich wach bin
ist *sie* da
wenn ich abends
allein
in dem großen einsvierziger bett liege
- immer auf der seite
auf dem rücken geht's nicht -
denn dann fühle ich mich
so ausgeliefert und hilflos -
und aus dem alptraum hochschrecke
ist *sie* da

wenn ich
durch die stadt gehe
und überall männer sind, um mich herum
hüllt sie mich ein
sie flüstert mir dinge und sätze ein
die ich nicht hören möchte
von denen ich mich distanzieren möchte
und trotzdem sind sie mir so vertraut
sind wie der stift in meiner hand
und das papier auf dem ich schreibe

sie - die angst
hat viele namen
und kann sich verwandeln
wie zum beispiel in trauer

leere, schmerz
und in vielleicht das schlimmste
die hoffnungslosigkeit.

rückfall

ich bin wieder gefangen
in alten routinen
alten handlungsabläufen
ich will nach vorne
aber laufe rückwärts
ich weiß eigentlich
dass es nicht gut ist
nicht gut für mich
aber das blende ich aus

ich vergesse mich wieder
es fühlt sich so gut
so vertraut an
ich bin wieder im strudel
des nicht-essens
des weniger-werdens

denn
sie gibt mir sicherheit
sie gibt mir das gefühl von stolz
ich bin frei
und gleichzeitig gefangen

erst wenn ich den kummer
meiner mutter höre
weiß ich
dass *sie* nicht nur mir schadet
sondern auch den menschen um mich herum

                -    ich bin wieder im rückfall.

deine hände
haben mich berührt
sich auf mir verewigt
wie ein brandmal
das ich nicht haben möchte
und egal
wie oft ich mich wasche
wirst du immer deine spuren
hinterlassen haben.

ich stehe auf
und halte mich krampfhaft fest
um nicht umzukippen
steige treppen
um schon nach der hälfte
außer atem zu sein
meine waden krampfen

schwindel wird
der tägliche begleiter
mir ist kalt
immer in bewegung sein
doch zu schwach für das tägliche

mein leben soll gewicht haben
doch mein körper nicht
ich werde immer weniger

sag
warum tue ich mir das an?

du akzeptierst
deinen nicht vorhandenen wert
der dir immer gezeigt wird
in worten
und in taten
nicht nur einmal
und wenn es sich wiederholt
dass du nichts wert bist
dann muss es doch stimmen
oder?

ich sehe dich
aber nicht mehr uns
ich sehe in deine augen
die viel blauer geworden sind
seit ich weg bin
und sie scheinen
ohne mich.

ich lass dich nicht im stich
ich bin für dich da
ich liebe dich
sagten sie

doch gegangen sind sie alle.

perfektionismus

perfektionismus macht einsam
perfektionismus macht krank
man möchte alles richtig machen
alles unter kontrolle haben
doch am ende
ist die kontrolle außer kontrolle

denn wenn man auf dem weg
mit dem blick nach unten
nach jedem stein guckt
(damit man nicht darüber stolpert)
sieht man das unwetter
das auf einem zukommt
nicht.

du spielst ein spiel mit mir
und setzt mich jedes mal
schachmatt.

k o n t r o l l e II
ich bin ausser kontrolle
aus der kontrolle
und das
was ich nie wollte
ist passiert

ich habe mich verloren.

ich sehe in den spiegel
in das spiegelbild
was mich wiederspiegelt
doch tut es das wirklich?
ist es der spiegel meines selbst
meines ichs
meiner seele?
oder ist es nur das physische
das vergängliche
was mir gezeigt wird?

a m b i v a l e n z I
ein paradoxon
das hin und her
zwischen leben
und sterben
zwischen kämpfen
und krank sein
zwischen aufstehen
und sitzenbleiben
ganz primitiv
aber auch einfach

die ambivalenz
begleitet mich
jeden tag
in vielen momenten
wo sich die frage stellt
aufgeben
oder weitermachen
essen oder nicht
lachen oder weinen
nehmen oder nicht.

f a l l e n
ich falle. immer tiefer und tiefer. versuche mich
festzuhalten. an irgendwas greifbares. doch da ist
nichts. ich fühle mich kurz wie alice. aber ich bin
nicht im wunderland. und erst recht bin ich nicht
in die grube gefallen. hier ist auch kein verrückter
hutmacher, keine teestunde. das ist hier die reali-
tät. und die realität sagt mir, dass ich gerade im
sturzflug nach unten bin. und erst wenn ich auf-
pralle, kann ich anfangen, mich aufzurichten und
versuchen wieder hochzuklettern.

h o f f e n

der ginkgobaum
damals
pflanzte mein großvater
einen ginkgobaum
der klein war
kleiner als ich
und er wuchs
über die jahre
immer weiter

mein großvater starb
ich wurde erwachsen
und als ich wieder meine großmutter
besuchte
sah ich ihn
diesen großen gingko
der über das haus meiner großeltern
hinausragte
im hier und jetzt steht
fast majestätisch

seitdem glaube ich
dass ich auch wachsen kann.

ü b e r l e b t
ich bin noch hier
ich habe überlebt
das schlimmste überlebt
und wenn das das schlimmste
für mich war und ist
kann es doch nur besser werden
oder?

ich fiel
immer tiefer
war unten
bis ich begriff
dass mich niemand retten kann
- außer ich selbst

man kann mir helfen
mich unterstützen
den weg ein stück weit zusammen gehen
aber mich innerlich retten
- das kann nur ich.

das unaussprechliche ist unaussprechbar
- aber nicht unausdrückbar.

- mein vierzehnjähriges ich

du hast mir meine blätter
meine äste geraubt
aber nicht meine wurzeln.

was ist, wenn dein eigener körper dein feind ist?
wenn dein kopf dein gegner und dein herz dir fremd
ist. wenn du leben möchtest und dich selbst hasst.
wenn du dir nicht vertraust.
dann stehst du dir selbst im weg. und niemand an-
ders als du selbst kann das ändern.
also:
spring über deinen schatten.
sei mutig.
gib dir selbst die hand.
vergebe dir.
und fang an dich selbst zu lieben und zu leben.

manchmal stelle ich mir die frage, ob ich wirklich versagt habe oder ob es einfach eine chance zu was neuem, zu etwas besseren war.

ambivalenz II

ambivalenz
ist nicht immer schlecht
denn wo der schmerz einen trägt
ist auch die hoffnung
die wächst

man kann mit
dieser ambivalenz leben
so ist es nicht
dass sie zerstört
sondern die gedanken
aufrecht erhält
und auch wenn der schmerz so
unerträglich ist
ist da auch die hoffnung
und die entscheidung
aufzugeben ist nicht gefallen
ambivalenz kann retten

sie zeigt uns beide seiten
denn ohne dunkel
ist kein licht
ohne regen
wächst keine pflanze
ohne kampf
kein gewinn
ohne die option aufzugeben
keine entscheidung
zu leben.

h i l f e

hilfe annehmen ist schwer
weil man sich nicht eingestehen kann
sie zu brauchen

weil der gedanke schwer ist
es nicht alleine schaffen zu können
weil es bedeutet
das man schwach ist

aber hilfe zeigt dir
dass du nicht alleine bist
dass es sich lohnt zu kämpfen
dass es menschen gibt
denen du wichtig bist
die dir helfen wollen

und es noch nicht der zeitpunkt ist
von dieser welt zu gehen.

f r i e d e n
ich wünschte
ich könne
eines tages
mit mir selbst frieden schließen
die weisse flagge mir hinhalten
und sagen:
es ist in ordnung
es ist gut
im leben gibt es soviel zu kämpfen
kämpfe nicht gegen dich selbst.

ich war lange auf der suche
auf der suche nach
antworten
nach
perspektiven
nach mir selbst
anfangs wusste ich nicht
was ich suche
ich wusste nur
dass ich mich verloren habe
und jetzt bin ich dabei
mich selbst zu finden

eigentlich habe ich mich schon gefunden
aber der prozess geht immer weiter
ich entwickle mich
und gucke
wo mein platz im leben ist

ich habe mich schon gefunden
trotzdem bin ich immer noch dabei
mich selbst zu finden.

-    paradox. oder?

ich dachte ich wäre schuld – nein.
ich dachte es wäre nur einmalig – das war es nicht.
ich dachte beim nächsten Mal ist es nicht mehr so
schlimm – ich habe mich getäuscht.
ich dachte es wäre normal – nein.
ich dachte mein nein wird akzeptiert – das wurde es
nicht.
ich dachte ich würde alleine damit klarkommen –
das tat ich nicht.

ich dachte ich würde schweigen
- NEIN, DAS TUE ICH NICHT!

ich sehe die sonne
die scheint
die blüten
die wachsen
der leichte wind
der weht
und die welt
dreht sich weiter
auch ohne mich

doch was habe ich
wenn ich nicht leben kann
möchte ich
schon gehen?

wachsen

lass uns die welt entdecken
im regen tanzen
in der sonne verweilen
lass uns das glück
und die freude teilen
für einander da sein
geschichte schreiben
erinnerungen
die wir in fünfzig jahren
haben werden
und uns lächeln lassen
wenn wir an früher
an jetzt denken

komm
lass uns jetzt unser leben leben
und auf der welt verweilen
denn das leben ist endlich
lass uns den flüchtigen moment
von ewigkeit entdecken

ich reiche dir die hand
sag mir
nimmst du sie an?

h e i l e n

ob du wieder heilen kannst, weil du kaputt bist
fragst du mich
du fragst mich, ob du überhaupt noch einen wert
hast
denn du bist zerbrochen.

und ich sage dir:
wenn meine lieblingsschüssel runterfällt
und
zerbricht
werfe ich sie nicht weg
sondern versuche sie zu reparieren
indem ich die scherben wieder dran klebe
sie hat ihren wert nicht verloren
denn sie ist immer noch meine liebste schüssel.

ich sage:
du kannst nicht alles komplett heilen
aber du kannst versuchen, damit zu leben
du bist nicht weniger wert
du kannst das leben trotz scherben
versuchen zu genießen.

reflektieren.
schreiben.
im regen tanzen.
weinen.
traurigkeit
und wut zulassen.
zulassen
dass mir jemand hilft.
zuspruch bekommen.
mitarbeiten.
akzeptieren.
fehler eingestehen.
mit ihnen leben lernen.
lernen, zuzulassen.
und gleichzeitig sich
nicht allem hingeben.

das alles hat mir geholfen
mich zu retten
mich zu verwurzeln
und anfangen
zu wachsen.

a m b i v a l e n z III

auch wenn ich anfange
zu wachsen
zu blühen
zu leben
wird die ambivalenz
teil meines lebens sein

egal ob fliegen
fallen
hoffen
oder wachsen
sie ist ein bestandteil

ambivalenz ist menschlich
sie ist da.

wie gerne würde ich
mein jüngeres ich in den arm nehmen
und sagen:
egal was sie dir getan haben
oder eingeredet haben
du bist wertvoll

nichts auf dieser welt
kann dir deinen wert aberkennen.

b l ü h e n
ich fange an
zu wachsen
mich zu entfalten
und zu verwurzeln
damit ich eines tages
blühen kann.

das leben kann
grausam
schrecklich
unfair sein

es kann dich
herunterdrücken
mit der last
die du trägst

aber trotzdem
hast du die chance
den ballast abzustreifen
aufzustehen
und weiterzugehen

denn das leben hat
nicht nur schattenseiten
es ist auch schön
du musst nur anfangen
zu suchen
deinen fokus nicht
nur auf das schlechte richten
sondern die schönheit entdecken

guck dich um
sie ist überall

ich möchte...
ich möchte
das leben erleben
lieben lernen
ich möchte
wenn ich alt bin
rauchend auf dem balkon
meines hauses
zurückblicken
und denken
ich habe das leben genutzt
und geliebt
auch wenn es oft schwer war
und ich jahrelang ums überleben gekämpft habe
hoffe ich
dass ich sagen kann
das leben ist schön

ich möchte
studieren, am liebsten psychologie
und neben philosophie und kunst
therapeutin werden
ich möchte
gerne kinder bekommen
ich möchte das gefühl bedingungsloser liebe
spüren und geben
dass etwas von mir weiterlebt
auf dieser welt
denn von der (un)endlichkeit
habe ich angst

ich möchte reisen

die welt entdecken
neue menschen und kulturen
kennenlernen
ich möchte
lesen, schreiben
an vielen orten leben
denn fernweh begleitet mich lange
ich möchte fließend russisch sprechen
ich möchte
weiter für die kunst leben

ich möchte menschen helfen
dem individuum
ich möchte eines tages
aufstehen und zur arbeit gehen
und auch wenn die arbeit in der klinik ist
möchte ich nicht in schlechten erinnerungen
schwelgen
sondern lieber meine geschichte weiterschreiben
mit dem fokus aufs hier und jetzt
ich möchte nicht von dieser welt gehen
mit dem gefühl nichts erreicht zu haben
denn das wäre fatal

und auch wenn ich genug schlimmes erlebt habe
traumata und vielleicht genug für ein leben
ist das für mich kein grund mehr
zu sterben

sondern eine chance es zu nutzen
anderen zu helfen
frauen, die nicht wie ich

das privileg haben zu sprechen
ich habe genug zum kämpfen gehabt
jetzt sollte ich es nutzen und dem einem nutzen ge-
ben

ich möchte vieles
was noch in den sternen
in der zukunft steht
aber eines möchte ich jetzt:

anfangen zu leben.

epilog

frühling

der frühling ist meine liebste zeit
denn wie die blumen
so wachsen auch wir

die chance sich zu entfalten
in voller blüte
die zeit
in der es noch wechselhaft ist
zwischen regen und sonne
aber das
sind die perfekten bedingungen
um weiter zu wachsen

der frühling ist meine liebste zeit.
denn wie die blumen
so wachsen auch wir.

Danksagung

Ich möchte gerne Danke sagen. An alle Menschen, die mir in der Vergangenheit und Gegenwart mir geholfen, beigestanden und unterstützt haben. Die Liste wäre zu lang, um allen Menschen (Freunde, Familie, Mitpatienten, Ärzte, Pfleger, Sozialpädagogen, etc.) aufzulisten.
Jedoch möchte ich ein paar Menschen ein paar Zeilen widmen.

Meine Familie – Trotz Schwierigkeiten bin ich euch dankbar für eure Unterstützung. Danke für euren Rückhalt und dass ich bei euch so sein darf, wie ich bin.

Thea und Maj - Ihr gebt mir viel Kraft und Unterstützung und seid mehr als Freunde. Ich bin euch dankbar und hab euch lieb.

Frau T. - Danke für die Unterstützung der letzten zwei Jahre! Ich würde ohne Sie hier nicht heute so stehen.

S. – Du hast mich unterstützt, wo du kannst. Ich habe durch dich wieder angefangen regelmäßig zu schreiben. Danke dir.

Adressen und Kontakte für Hilfe in Not

Wenn du Opfer von sexueller oder häuslicher Gewalt bist, psychische Probleme wie zum Beispiel Depressionen, Essstörungen, Suchtproblematik, etc. hast oder du aktuell in einer Krise steckst:
Hole dir Hilfe, denn du musst nicht damit alleine sein. Jede*r hat das Recht auf Unterstützung und Beratung.
Hier findest du eine Liste mit Adressen für Menschen in Not.

N.I.N.A
Netzwerk zu sexueller Gewalt an Mädchen und Jungen
018 05 – 12 34 64

Hilfetelefon – Gewalt gegen Frauen
bundesweites Beratungsangebot für Frauen, die Gewalt erlebt haben und erleben
08000 116 016

Telefonseelsorge
anonyme, kostenlose Beratung in akuten Lebenskrisen, rund um die Uhr erreichbar
(sowohl telefonisch als auch per Chat oder Email)
0800 1110111
0800 1110222
www.telefonseelsorge.de

Sucht und Drogen Hotline
anonym, bundesweit und rund um die Uhr
01805 313031
www.sucht-und-drogen-hotline.de

BZgA – Infotelefon zu Essstörungen
Beratung und Informationen für Betroffene oder Angehörige
(0221) 89 20 31

Zeitfracht Medien GmbH
Ferdinand-Jühlke-Straße 7
99095 Erfurt, Deutschland
produktsicherheit@kolibri360.de